AF246740

FUNÉRAILLES

D'Achille BARAGUET

Président de la Société typographique parisienne

(1862 — 1876)

DISCOURS

PRONONCÉS SUR SA TOMBE

LE 17 MAI 1876

PARIS

IMPRIMERIE NOUVELLE (ASSOCIATION OUVRIÈRE)

14, RUE DES JEUNEURS

1877

BIBLIOTHÈQUE NATIONALE · R.F. · ESTAMPES

DÉPÔT LÉGAL

DISCOURS

PRONONCÉS SUR LA TOMBE

D'Achille BARAGUET

PRÉSIDENT DE LA SOCIÉTÉ TYPOGRAPHIQUE

BIBLIOTHÈQUE NATIONALE R.F. IMPRIMÉS

M. Mauriés, au nom du Comité de la Société typographique parisienne, s'exprime en ces termes :

Adieu! Baraguet, adieu!

Confrères et Amis,

Au milieu du deuil qui entoure cette tombe si inopinément ouverte, qu'il nous soit permis, à nous qu'une longue communauté de travail avait mis mieux que personne à même d'apprécier et d'aimer les qualités de celui que nous venons de perdre, qu'il nous soit permis de venir joindre nos regrets à ceux de la famille du défunt, et de nous rendre ainsi les interprètes des sentiments de toute la Typographie française, sa seconde famille, qu'il a toujours, envers et contre tous, défendue, même au péril de sa liberté.

Doué d'un esprit aussi pénétrant que juste, il a su rendre à la Société typographique parisienne, comme sociétaire, depuis 1848, et comme président depuis quinze ans, des services qui lui avaient acquis l'estime et mérité la confiance de tous les membres de cette grande famille.

Membre du Conseil des Prud'hommes depuis quatorze ans, il a su s'attirer l'affection de ses collègues, patrons et ouvriers, par la droiture et la justesse de son jugement à défendre les principes de l'égalité.

Oui, Confrères, Baraguet est mort encore jeune, cinquante-neuf ans ! le Président de la Société n'est plus ! c'est un malheur, un grand malheur ! Pour nous, c'est un fatal événement.

Notre Président nous a laissé une tâche à achever ; la route a été bien tracée, nous en connaissons tous le but, poursuivons-le avec ardeur, et nous y arriverons. Ne regardons jamais en arrière, mais toujours en face : c'est la droiture qui fait notre force, et nous ne faiblirons pas.

Les hommes comme Baraguet sont rares. Ce n'était pas un homme ordinaire : sa vie a été consacrée tout entière à la prospérité de la Société typographique. C'est un exemple pour la jeune génération et un exemple pour toute la classe ouvrière.

L'homme de bien est mort ! la Société typographique est un principe qui ne peut mourir ! Il est mort à la tâche, il ne voulait pas nous quitter, et jusqu'aux derniers moments il parlait Société et Fraternité.

Puissent ces regrets, dont je ne suis ici qu'un bien imparfait interprète, être entendus par sa famille, à laquelle nous sommes heureux d'être encore unis par des liens de confraternité et de travaux communs qui, nous l'espérons, ne feront que se resserrer dans l'avenir ; puissent-ils devenir pour elle sinon une consolation, du moins l'assurance que, parmi ceux qui ont le mieux connu l'ami qu'elle pleure, elle ne trouvera que sympathie et douleur partagée !

Adieu, cher et bon camarade ; reçois le témoignage que t'apportent tes collaborateurs et celui que viennent déposer sur ta tombe tes confrères et amis, si nombreux, si recueillis, si pleins de ton souvenir.

Tu as passé sur cette terre en faisant le plus de bien possible ; tu resteras toujours vivant, par ce souvenir, dans la grande famille typographique.

Adieu ! Baraguet, adieu !

La Chambre syndicale.

P. S. — Les Sociétés correspondantes de la Typographie parisienne des départements et de l'étranger, prévenues par dépêches, nous ont télégraphié les regrets de ne pouvoir assister aux obsèques de notre ami commun.

M. Aubert prononce le discours suivant :

Messieurs, chers Confrères et Amis,

Je croirais manquer à mon devoir si je ne remerciais pas, avant tout, les membres de la Chambre syndicale pour l'accueil empressé avec lequel elle m'a permis de faire entendre quelques paroles sur la tombe de mon ami Baraguet, le vaillant champion, depuis vingt ans, de notre Société, dont il était le président.

Cher et digne Ami,

Reçois ici l'expression bien sincère des regrets de celui qui fut ton camarade (il y a bientôt dix-sept ans), mais ne devint ton ami que depuis cinq ans, dans une circonstance assez douloureuse. Permettez-moi, chers confrères, de vous en faire connaître le sujet.

Vous savez tous aussi bien que moi l'attachement qu'il portait aux intérêts de notre Société; pour elle, son dévouement n'avait pas de limites, bien que jamais il ne s'écarta de la raison et de la justice, car, avant tout, il était ce qu'on appelle à juste titre l'homme du devoir.

C'était vers la fin de 1871, après les tristes événements que nous venions de passer. Deux hommes, ne craignirent pas de déposer une plainte contre Baraguet, prétextant qu'il n'était allé rendre des visites à ses confrères, qui étaient, au mois de mai de cette triste année, allés travailler à Saint-Germain et à Versailles, puisque tout le travail était de ces côtés-là, qu'avec l'intention de fomenter les esprits, alors qu'il n'était venu là que pour chercher les cotisations mensuelles de ceux qui travaillaient, afin de pouvoir payer à nos malades de Paris (et ils étaient nombreux) ce qui leur était dû.

Eh bien! notre cher camarade, qui avait déjà payé, ainsi que plusieurs de nos Confrères, de sa personne en plusieurs circonstances, fut encore inquiété et reçut l'ordre de se rendre à la préfecture de police, où il resta une douzaine de jours sans trop savoir pourquoi. C'est alors que je lui écrivis de prendre patience, parce qu'avant péu, lui disais-je dans ma lettre, on reconnaîtra qu'il y a eu erreur.

En effet, j'en parlai avec un de mes bons amis, actuellement directeur de la presse au ministère, qui s'empressa d'en toucher quelques mots à M. le Président de la République, qui lui fit rendre sa liberté.

Eh bien! toutes ces peines et ces tracasseries dont il était souvent l'objet lui faisaient encore plus aimer la Société, et il la servait toujours avec un courage qui ne s'est pas plus démenti que notre amitié, qui n'a fait que s'accroître avec les années.

Son souvenir n'existera pas pour moi seul, j'en ai la ferme conviction: car, en contemplant cette foule de camarades qui ont tenu à cœur d'accompagner sa dépouille mortelle jusqu'à sa dernière demeure, je vois que le nombre de ses amis était plus grand qu'il ne le pensait.

Laissez-moi le dire en terminant : Une corporation s'honore quand elle sait rendre justice à ses défenseurs. C'est ce qui est aussi arrivé, il y a onze ans, pour le confrère Parmentier, qui, comme le défunt, avait rendu de grands services à la Société.

Repose donc en paix, Baraguet, et sois assuré que si nous n'avons plus le bonheur de te voir, ton nom sera encore invoqué plus d'une fois dans nos réunions. On n'oubliera pas de si tôt que tu fus aussi bon organisateur qu'administrateur intelligent. Ton esprit chercheur et délié ne connaissait pas d'obstacle. Personne mieux que toi ne savait amener la conciliation en toutes choses, aussi bien auprès des patrons qu'avec tes confrères. Toutes ces qualités réunies, cher camarade, te sont un titre de gloire à l'hommage mérité que la corporation te témoigne aujourd'hui.

Adieu !

M. G. Masquin, directeur de l'*Imprimerie Nouvelle* s'exprime en ces termes :

Je viens adresser un dernier adieu à notre regretté camarade Baraguet, au nom de l'Imprimerie Nouvelle, dont il fut un des fondateurs.

Son esprit pratique lui avait révélé qu'après la Société de résistance, après la Société de secours mutuels, — qui assurent l'indépendance du travailleur, — l'Association, — qui doit réaliser son indépendance morale, — devait être tentée.

Aussi se joignit-il à nous dans les appels que nous adressions à nos confrères; et quand,—deux groupes s'étant formés,—nous leur disions: Soyez de l'un ou de l'autre, il était, lui, de l'un et de l'autre.

Seulement, au début, il partageait une erreur qui tend à se répandre dans les Chambres syndicales, erreur qui pourrait être fatale et que nous devons combattre : il rêvait une vaste Association corporative dont la Chambre syndicale aurait la direction. Dans cette voie, il ne peut y avoir que mécomptes, déceptions et découragement. L'Association doit être libre, volontaire, consentie.

A part cette divergence, dont il était revenu, du reste, en ces derniers temps, son concours actif, moral et matériel était acquis à l'œuvre émancipatrice que nous poursuivons.

On sait ce qu'il a fait pour l'Association générale, et jusqu'à quel point il a poussé le dévouement.

Quant à la nôtre, chacun de nous garde précieusement le souvenir des services rendus par notre regretté confrère.

Son esprit pénétrant, juste et droit, sa parole lucide, traçant à chacun l'étendue de ses devoirs, la limite de ses droits, faisait sortir de nos assemblées des solutions profitables à tous. Aussi sa perte est-elle vivement sentie.

Quand des hommes s'oublient eux-mêmes pour s'occuper des autres, ils ont droit à la reconnaissance et aux regrets de leurs semblables, et la foule des typographes qui se presse autour de la tombe de Baraguet prouve que, s'il a fait largement son devoir, nous comprenons le nôtre : son nom sera gravé dans nos cœurs à côté de ceux des Parmentier, des Moulinet, des Parrot, Huet, Raveau et d'autres que j'oublie.

Repose en paix, camarade ; devant ce trou béant qui va se refermer pour toujours sur toi, nous affirmons que rien ne finit, mais que tout recommence.

Grâce aux pionniers dont tu fus l'un des plus intrépides, nous voyons poindre pour nos neveux une aurore plus belle.

Les yeux fixés sur le but obstinément poursuivi à travers les âges, nous emportons d'ici, avec le chagrin de ta perte, le souvenir des services rendus, des travaux accomplis, et la résolution de les imiter et de les poursuivre.

Discours de M. Cordova, compositeur typographe :

Citoyens,

Avant de quitter cette tombe, permettez-moi d'adresser un dernier adieu à celui qui a consacré la moitié de son existence à la recherche et à la pratique du bien pour l'amélioration du sort de ses semblables, et qui a épuisé sa santé et sa vie dans le labeur incessant que nécessitait l'accomplissement d'une tâche bien difficile à remplir.

Baraguet possédait, à un degré supérieur, les qualités qu'il avait acquises par vingt années de travail, pour aplanir les différends ou vaincre les obstacles qui s'opposaient au triomphe des idées émancipatrices des classes laborieuses.

Nous le voyons d'abord, dans sa longue carrière, lutter avec toute son énergie contre les lois draconiennes qui formaient un arrêt au progrès social, et payer par diverses condamnations à de longs jours de prison l'indépendance de convictions qu'il ne craignait point d'affirmer.

Puis, à la suite d'un éclair de satisfaction obtenue, — après un procès célèbre dont il fut une des victimes, et qui eut pour résultat la révision des lois de coalition, — il continua sa lutte de revendication et d'affranchissement du prolétariat par tous les moyens licites.

L'un des premiers instigateurs des Tarifs généraux des prix de main-d'œuvre, il s'est particulièrement appliqué à la défense de ces Codes réglementaires du travail, et, grâce à son esprit éclairé et persuasif, à son impartialité reconnue et à la lucidité de ses démonstrations, il était arrivé à prouver à la généralité des patrons combien était utile l'œuvre du Tarif, puisqu'elle pouvait seule empêcher l'avilissement général du prix des travaux typographiques.

Voué de tout cœur à la recherche des progrès sociaux sous toutes les formes, il fut l'un des fondateurs des Sociétés coopératives typographiques qui ont été créées à Paris, et il était, il y a quelques jours à peine, l'un des administrateurs de l'*Imprimerie Nouvelle*, dont il contemplait avec bonheur l'heureux développement.

Représentant, depuis bien des années, du groupe de l'imprimerie au Conseil des prud'hommes, il était estimé de tous les membres du Conseil qui avaient pu apprécier la droiture de son jugement et la parfaite aménité de ses relations.

Il fut aussi l'un des fondateurs d'une bibliothèque nationale et démocratique, destinée à mettre à la portée de tous les œuvres des grands penseurs et philosophes qui ont tracé la voie lumineuse du progrès par la liberté.

Enfin, Baraguet possédait les vertus civiques qui se caractérisent par le dévouement et la générosité ! Attaché à la corporation typographique comme un enfant à sa mère, il n'en accueillait pas moins avec une sympathique faveur tous les travailleurs qui cherchaient à suivre la voie si péniblement parcourue par la Société typographique, au sein de laquelle il plaidait constamment pour une solidarité réciproque !

Tel est, citoyens, le résumé succinct de la vie de celui qu'une cruelle maladie a ravi à l'affection d'une famille éplorée et des milliers d'amis qui connaissaient ses qualités et ses mérites !...

S'il est un adoucissement possible à une peine si grande, sa famille le trouvera dans cette imposante manifestation de regrets que provoque cette perte douloureuse, et la Typographie parisienne dans le légitime orgueil qu'elle doit éprouver en montrant les étapes de la vie parcourue par un de ses plus dignes enfants !...

Adieu, Baraguet !... ton souvenir restera gravé dans nos cœurs, et l'exemple de ta vie fera des prosélytes pour atteindre le but que tu poursuivais !...

Adieu !!!...

* * *

Discours de M. Engelbauer, ex-président de la Société des imprimeurs et conducteurs :

Messieurs et chers Confrères,

Bien que je sois très ému et peiné de la mort de notre ami et confrère Baraguet, permettez-moi de prendre la parole pour lui adresser un dernier adieu. Il y aurait ingratitude de ma part à laisser cette tombe se fermer sur sa dépouille mortelle sans lui rendre un juste hommage, non-seulement pour les services qu'il m'a rendus personnellement, mais encore pour le dévouement avec lequel il a toujours défendu la cause des travailleurs. Oui ! j'ose le dire, que je perds mon meilleur et sincère ami; et je ne lui dois pas seulement la reconnaissance pour les bons conseils qu'il ma donnés depuis quatorze ans, et pour m'avoir secondé dans la tâche que j'ai entreprise, en 1864, de reformer la Société des imprimeurs, et la réussite que j'ai eue de la relever à quatre cents membres, au lieu de trente que nous étions dans ce moment.

Ce n'est pas seulement la Société des compositeurs qui perd en lui un de ses membres les plus actifs et les plus intelligents, c'est aussi la Typographie entière. Il avait pris à cœur l'œuvre d'émancipation de toutes les Associations typographiques, il a propagé autant qu'il fut en son pouvoir cette idée, et il resta un des derniers pour relever l'Association générale, non-seulement par ses conseils, mais aussi par de grands sacrifices pécuniaires dont la Typographie lui restera reconnaissante.

Mais hélas ! chers confrères et amis, nous ne sommes pas seuls à plaindre ; sa famille perd son seul appui et il reste encore deux orphelins en bas âge, privés de leur père beaucoup trop tôt, car il n'a pu achever leur éducation.

Oui, chers confrères et amis, il est cruel de voir l'avenir d'une famille brisé par la mort prématurée de son chef. Puisse l'expression de nos sincères regrets être une source de consolations pour sa famille et ses orphelins, et cherchons si nous pourrons leur être utile dans l'avenir.

Adieu, mon cher ami Baraguet, adieu pour toujours, repose en paix !

M. Ricand, président de la *Société de Gutemberg*, prononce les paroles suivantes :

Messieurs,

Au nom de la Société corporative des conducteurs typographes de Gutemberg, je viens dire un dernier adieu au digne et regretté président de la Société des compositeurs typographes de Paris. Sa mort fait un grand vide dans ses rangs, j'ose dire dans toute la Typographie, car son caractère franc, conciliant et libéral, son zèle à faire le bien, ses capacités et son dévouement, sont des qualités qu'il possédait plus que tout autre ; aussi, son heure étant sonnée, devons-nous honorer sa mémoire, et nous efforcer de l'imiter.

Adieu, Baraguet ! heureux celui qui, comme toi, après une carrière si bien remplie, laisse d'aussi bons souvenirs !

M. Hymon, au nom de la Chambre syndicale des Imprimeurs, a prononcé le discours suivant :

Messieurs,

Je ne saurais rien ajouter à l'éloge qui vient d'être fait sur cette tombe par des personnes plus autorisées que moi. Je viens simplement, au nom de la *Chambre syndicale des imprimeurs et conducteurs typographes*, apporter les témoignages de sympathiques regrets à celui qui fut le propagateur de l'Association ; car la perte douloureuse que nous éprouvons n'atteint pas seulement la corporation des compositeurs typographes, dont l'honorable Baraguet était l'un des membres les plus distingués, mais elle touche profondément toutes les branches de la Typographie française et étrangère. Que dis-je ! elle touche encore un grand nombre de Chambres syndicales ouvrières de Paris dont il fut, dans des circonstances difficiles, le conseiller éclairé, l'ami conciliant et désintéressé.

Son activité s'étendait à tout ce qui aspire à l'union, à la solidarité et à l'émancipation des travailleurs sous toutes les formes sociales.

Pour notre compte, nous nous souviendrons toujours de la part initiatrice qu'il prit, en 1864, dans la reconstitution de la Société des imprimeurs typographes, devenue depuis Chambre syndicale. C'est donc à ce titre que nous venons, à sa dernière demeure, rendre hommage à sa mémoire, lui payer le tribut de notre reconnaissance et lui adresser un dernier et suprême adieu.

M. Desruelles, de la maison Ethiou-Pérou, s'exprime en ces termes :

Citoyens,

La Typographie française vient de perdre un de ses plus vaillants défenseurs, un de ses serviteurs les plus dévoués !

Je dis Typographie française, car Baraguet n'était pas seulement le président de la Typographie parisienne, il était encore le guide et le conseil de nos frères des départements. Leurs Sociétés naissaient sous son inspiration ; elles faisaient leurs premiers pas sous son égide.

Baraguet, par son esprit de justesse et d'impartialité, avait su conquérir l'estime et la sympathie de tous.

Une corporation doit s'honorer de compter de tels hommes dans son sein.

Aussi, quoi qu'il arrive, le nom de Baraguet restera inscrit au Livre d'or de la Typographie.

Cette tombe va se refermer, qu'y a-t-il au-delà ? Nul ne le sait !

N'importe, Baraguet, une âme comme la tienne pouvait regarder la mort avec calme ; car si les hommes disparaissent, leurs œuvres restent : la tienne, Baraguet, celle que tu as tant aimée, que tu as servi toute ta vie avec tout le zèle et tout le dévouement dont un homme est capable, elle existe, elle est là debout, elle marche, elle grandira, elle redira ton nom à ceux qui viendront après nous.

Citoyens,

Pour faire l'éloge d'un homme comme celui que nous venons de perdre, il ne faut qu'un mot, mais un mot qui résume à lui seul tous les autres.

Je le dis pour vous, car il est dans tous vos cœurs :

Baraguet ! la Typographie parisienne, réunie autour de cette tombe, te donne l'adieu suprême, et atteste solennellement que tu as fait ton devoir !

Discours prononcé par M. Cuny (Lopez), typographe :

Adieu, mon vieux camarade, dont la rare intelligence et le dévouement ont fait de notre Société embryonnaire une florissante association. Chez toi, la lame a usé le fourreau. La mort moissonne impitoyablement les hommes de ta trempe, éprouvés aux luttes fécondes de 1862. Après Parmentier, Grosley, Samié, Deladreux; après Raveau, Parrot; après Leclerc, Moulinet, tous portant haut la bannière typographique.

Après leur avoir survécu quelques années, comme le travailleur fatigué d'un long labeur, tu te reposes du sommeil du juste, ayant accompli la mission élevée, conciliatrice et toute de dévouement que l'estime et l'affection de la corporation t'avait confiée, et qui ne pouvait être remise en meilleures mains.

Tu emportes dans ta demeure dernière, non-seulement les regrets de la Typographie parisienne, mais aussi ceux de la Typographie française tout entière.

Ton idéal : la prospérité complète de notre Société, œuvre à laquelle tu avais dévoué ta vie, deviendra réalité lorsque la génération qui va nous succéder, s'inspirant de ton exemple, marchera dans la voie que tu lui as tracée, et qui se résume en ces deux mots : *Devoir* et *Droit*.

Que les marques de sympathie dont tu es entouré à l'heure suprême, et la douleur que nous ressentons tous de ta perte soient un enseignement pour nos successeurs, qui répéteront longtemps encore :

Baraguet était un homme, car il fit toujours son devoir.

Encore une fois, adieu, mon vieil ami !

Le discours suivant devait être prononcé par notre camarade Viguier ; une indisposition l'en a empêché :

L'homme que nous perdons était unique; il ne peut être remplacé. Il ne doit pas l'être. Aucun autre parmi nous, quel que soit son dévouement, quelles que soient ses forces, quelles que soient ses lumières, ne doit être appelé à subir une telle épreuve. Il faut rentrer dans le vieux principe : au Comité, qui a la responsabilité morale et le pouvoir effectif, au Comité doit appartenir la direction du travail.

C'est parce qu'on a violé ce principe, c'est parce qu'on a rejeté sur cet homme un épouvantable fardeau, que cette organisation si vigoureuse, si puissante, si infatigable qu'on l'aurait crue inépuisable, est tombée prématurément.

Cet ami si dévoué, ce cœur d'or toujours prêt à tout, jamais rebuté, jamais lassé, nous n'avons pas su le conserver pour les jours difficiles, et les jours difficiles peuvent revenir. Nous l'avons usé, nous l'avons laissé se tuer en détail.

Il faut que sa fin soit pour tous un remords, car tous y ont contribué, hélas! avec sa complicité. Il incarnait la Typographie; elle était sa seule préoccupation, son seul souci. Il voulait la voir affranchie et libre; il a fait au-delà du possible pour que le premier essai d'Association restât debout, et l'on sait comment sa constance a été récompensée de ce côté, combien amère fut sa déception, combien irrémédiable sa ruine!

Oui, il faut qu'on le sache: Baraguet est un martyr de la Typographie et du principe d'association; il est mort d'épuisement et de fatigue; il est mort parce que, malgré tous ses efforts, malgré tous ses sacrifices, il n'a pu arrêter la chute du premier essai d'émancipation.

D'autres vous ont dit ses travaux, comment il sut, avec une gaieté qui jamais ne se démentait, subir toutes sortes d'ennuis, de contrariétés, jusques et y compris la prison; comment, en des jours de deuil, il essaya d'arrêter l'effusion du sang français. Permettez à son vieux camarade de faire un énergique appel à nos jeunes compagnons, à la jeune Typographie parisienne; c'est dans leurs mains qu'est le sort de la Société typographique et leur propre sort. Sans la Société, plus de garantie pour les typographes, et pour qu'elle vive il n'est pas trop du concours de tous. Tous doivent s'y intéresser, surtout les jeunes. Il faut que leurs bonnes volontés se montrent, et les capacités surgiront. C'est le plus bel hommage, c'est la meilleure façon de payer à notre cher mort le tribut de reconnaissance qui lui est si légitimement dû.

Adieu, Baraguet; tu es rentré dans le grand repos; tu restitues à la grande mère les éléments que tu tenais d'elle; ta forme n'est plus, mais ton esprit, tes actes ont laissé parmi tes compagnons une lumière qui ne les abandonnera pas. Ils se souviendront de ta modération et de ta fermeté, de ta douceur et de ton énergie, de ton amour de la justice et de la conciliation. Et si les épreuves attendaient la Typographie, notre mère, ton esprit inspirera ceux qui seront chargés de défendre ce qui t'a tant coûté à édifier.

Adieu!

PARIS. — IMPRIMERIE NOUVELLE (ASSOCIATION OUVRIÈRE), 14, RUE DES JEUNEURS

G. MASQUIN, DIRECTEUR.

www.ingramcontent.com/pod-product-compliance
Lightning Source LLC
LaVergne TN
LVHW010103060726
842524LV00006B/2281